指揮者・作曲家の相澤直人さんが、指揮活動10周年を迎えられたのを祝って開催された「AizawaNote vol.2」のアンコールピースとして、2曲をメドレーに編曲したものです。初演は相澤さんの指揮と名田綾子さんのピアノにより、当日演奏した3団体のほか、演奏された全ステージの作曲家・ピアニストも舞台で歌うという、賑やかながらも暖かいものとなりました（私も歌っています）。
　相澤さんの青春の思い出を彩ったというこの2曲、「サボテンの花」は原曲よりテンポをぐっと落としてしっとりとした味付けに、「青春の影」は後半で転調してから劇的な盛り上がりをみせる対照的なアレンジとなっています。アンコールのみならず、さまざまな機会で歌っていただければ幸いです。

田中達也

サボテンの花～青春の影

財津和夫 作詞/作曲
田中達也 編曲

《サボテンの花》 © 1975, 2010 by NICHION,INC.
& BIS MUSIC PUBLISHING CO.,LTD.

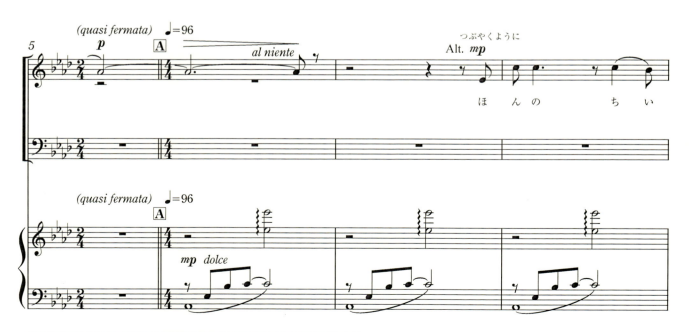

《青春の影》

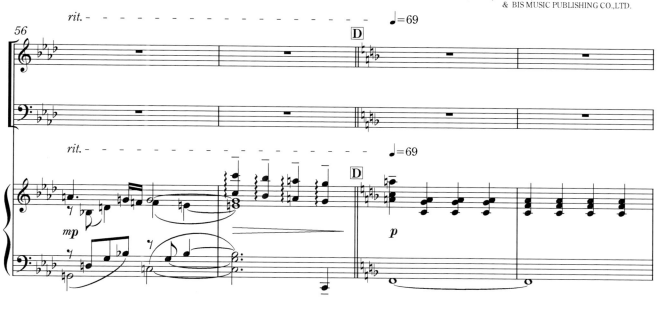

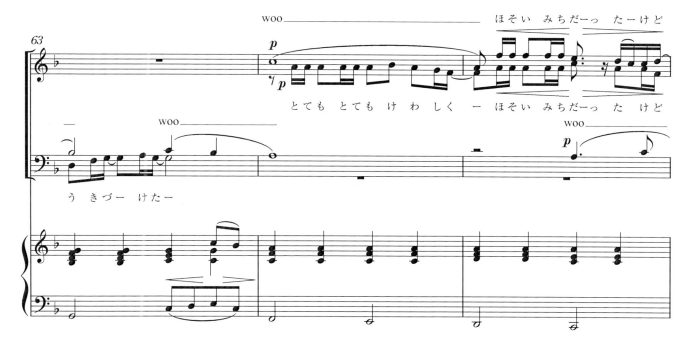

サボテンの花
財津和夫

ほんの小さな出来事に　愛は傷ついて
君は部屋をとびだした　真冬の空の下に
編みかけていた手袋と　洗いかけの洗濯物
シャボンの泡がゆれていた　君の香りがゆれてた

たえまなくふりそそぐ　この雪のように
君を愛せば　よかった
窓にふりそそぐ　この雪のように
二人の愛は　流れた

思い出つまったこの部屋を　僕も出てゆこう
ドアにかぎをおろした時　なぜか涙がこぼれた
君が育てたサボテンは　小さな花をつくった
春はもうすぐそこまで　恋は今終った

この長い冬が　終るまでに
何かをみつけて　生きよう
何かを信じて　生きてゆこう
この冬が　終るまで

この長い冬が　終るまでに
何かをみつけて　生きよう
何かを信じて　生きてゆこう
この冬が　終るまで

青春の影
財津和夫

君の心へ続く　長い一本道は
いつも僕を　勇気づけた
とてもとてもけわしく
細い道だったけど
今　君を迎えにゆこう
自分の大きな夢を　追うことが
今までのぼくの　仕事だったけど
君を幸せにする　それこそが
これからのぼくの　生きるしるし

愛を知ったために　涙がはこばれて
君のひとみを　こぼれたとき
恋のよろこびは
愛のきびしさへの
かけはしにすぎないと
ただ風の中に　たたずんで
君はやがて　みつけていった
ただ風に　涙をあずけて
君は　女になっていった

君の家へつづく　あの道を
今　足もとにたしかめて
今日から君は　ただの女
今日から僕は　ただの男

※ 薄字は編曲されていません。

混声合唱ピース サボテンの花〜青春の影

発行日 ● 2018 年 6 月 1 日第 1 刷発行　作詞／作曲 ● 財津和夫
　　　　2025 年 8 月 1 日第 9 刷発行　編曲 ● 田中達也
発行所 ● カワイ出版（株式会社全音楽譜出版社 カワイ出版部）
〒 161-0034　東京都新宿区上落合 2-13-3
電話 03(3227)6286 Fax. 03(3227)6296　出版情報 https://www.editionkawai.jp/
楽譜浄書 ● 音楽工房バードハウス　製作 ● 平河工業社
日本音楽著作権協会（出）許諾 1804598-509 号
Ⓒ 2018 by edition KAWAI, a division of Zen-on Music Co., Ltd.

ISBN978-4-7609-2395-3　● この編曲はカワイ出版の独占です。無断転載等はお断りします。
楽譜・音楽書等出版物を複写・複製することは法律により禁じられております。落丁・乱丁本はお取り替え致します。
本書のデザインや仕様は予告なく変更される場合がございます。

ISBN978-4-7609-2395-3
C3073 ¥800E

定価880円
(本体800円+税10%)

CODE : 2395